Pehchaan Ka Safar

Between Relationships, Traditions, and Identity

Shahzer Rahman

BookLeaf Publishing
India | USA | UK

Made with ❤ on the BookLeaf Publishing Platform
www.bookleafpub.in
www.bookleafpub.com

Dedication

To those who taught me love,
and to those who taught me silence.

To my parents,
for their sacrifices, their strength,
and the stories they never told.

To the parts of me that grew
through silence, resistance, and love.

And to every soul caught between
duty and desire, faith and freedom.

I owe you all.

Preface

The journey of self-discovery is rarely linear. It's a path full of contradictions, twists, and moments of stark clarity followed by deep confusion. This book is an attempt to understand and express the unsaid parts of my existence - those that have been shaped by the weight of tradition, the constraints of love, the constant battle to claim my own identity, and the inevitable process of growing old.

This collection speaks of the pain that comes from trying to understand yourself in a world that often pulls you in different directions. It explores the idea of having a free mind and the constant self-reflection that leads to both growth and confusion. It is about the quiet battles we face in reconciling who we were, who we are, and who we hope to become.

Through these poems, I invite you into that struggle. Each verse is a step in that ongoing journey of understanding, finding space to grow, and reflecting on the complexities of life, love, and loss. They are fragments of a conversation I've had with myself - one that I hope resonates with anyone who has ever felt torn between the person they are and the person the world wants them to be.

Acknowledgements

To my parents and family, whose sacrifices and love have been the foundation of my existence. Your strength and understanding have allowed me the freedom to explore and find my own way, even when it meant diverging from paths you envisioned.

To my friends, for your constant support, laughter, and the space to grow. You've helped me see the world through a new lens.

To that special one who taught me how the world runs, showed me what I'm capable of, and believed in me when I couldn't see it myself. Your presence in my life has been invaluable.

And to the quiet moments of reflection and pain that gave birth to these words, allowing me to understand myself more deeply.

Thank you for being a part of this journey.

Baap

This poem is a quiet witnessing - of a father's strength, his quiet breakdowns, and the subtle moments that mark a son's coming of age. It doesn't dramatize fatherhood, nor glorify sacrifice. Instead, it gently observes the shift that happens when the child begins to see the parent not as invincible, but as human. *Baap* is about the silent inheritance passed through gestures, glances, and growing silences. It's about realizing that the same man who once lifted you without effort is now learning to sit with his own weight—and that you're slowly learning to carry it for him.

***

Maine apne baap ko rota dekha hai..
Maine dekha hai unki aankhon mein sapne, unke dukh,
unki khwahish aur unki mehnat..

Maine dekha hai unhe haste hue..
Aur dekha hai unhe sisakte hue..

Ek bete hone ke waaste, maine kya nahi sikha hai..
Maine seekha hai ghar mein sabko khush rakhna unse..
Aur seekha hai, zindagi mein saadgi ki zarurat unse..

Ab mai bada hogaya hun..
Par mujhse zyada is baat ka ehsaas kisi aur ko hai..
Bas yahi sochta rehta hun..
Ki kab mai ghar ka chota hone se..
Ab ghar ka beta ban gaya hun..

Mai sochta hu ki wo din aaya kab..
Ki jabse meri baatein sunne lage hai woh..
Mai sochta hun..
Ki woh kaunsa pal tha,
Ki jabse meri ahmiyat badh si gayi hai..

Maine apne baap ko rota dekha hai..
Maine dekha hai umr ki zanjeer ko kaste hue..
Aur dekha hai un ghutno ko ghiste hue..

Ab shayad mai samjh sa raha hun..
Ki shayad kuch saal pehle woh baap nahi, ek bete the..
Aur mai pota.. jo sab dekh raha tha..

Aaj mai bada hogaya..
Aur yeh zindagi wapis usi kahani ki raah chal padi hai..

Sapne

Sapne is a reflection on growth, ambition, and the evolving relationship we have with our dreams. It begins with the innocence of childhood—where life feels whole, and dreaming is simple and fearless. It talks about the journey of growing up and reveals how limitations are often self-imposed or socially conditioned, and how stepping into the real world brings both possibilities and anxieties. *Sapne* is a quiet realization that even amidst uncertainty, life remains open—and that living fully means daring to imagine beyond the boundaries we once believed were real.

***

Jab mai chota bacha tha,
Thoda shaitaan, thoda nadaan,
Aur ghar ki thodi bohot jaan tha.

Zindagi haseen thi,
Ek baap,
ek maa,

aur ek acha bhala khandaan tha.

Par yun jo aaj mai kuch banna chahta hun,
Toh palat ke yeh sochta hun..
Ki kya sapne dekhna kabhi seekha nahi maine..
Aur agar seekha,
Toh kitna seekha maine?

Ab jo thoda bada hogaya hun..
Toh shayad yeh samajh raha hun..
Ki sapno ki koi hadd nahi hoti..
Aur agar hai koi hadd,
Toh sacchi nahi hoti.

Ek ummeed khudse rakhni hai humein,
Ki jo chaho wo haasil kar sakte ho tum.
Haan, mushkil zarur hai,
Aur shayad na bhi ho..
par kuch nahi hi sahi,
kuch aajse thoda behtar toh ho.

Thoda aur socha,
Toh ek baat samajh bhi aayi.
Ki us chote se ladke ko,
Kitni door tak ki hi zindagi nazar aayi?

Woh sochta bhi toh tha,
Aur dekhta bhi tha.
Usi aangan mein, usi kuye mein,
woh sapne paalta bhi toh tha..

Phir nikla woh ek baar baaahir..
Sacchai ki duniya mein shayad..
Jaha sapne bohot the logo ke..
Aur ghabrahatein bhi utni hi thi..

Par ladta raha woh,
Apne khayalo se..
Samajhta raha woh,
Duniya ke bol baalon se.

Ki sapne chote nahi rakhne..
Duniya choti nahi rakhni..
Ik zindagi mili hai sahib..
Jee le khul ke,
Kya kuch nahi hai tere bas mein.

Bachpan ka woh pehla pyaar

This poem is a light-hearted reflection on the foolish, fearless kind of love we stumble into as kids. It's not written for someone, but for a time—when love meant SMS packs, rickshaw chases, and borrowed courage. The poet looks back not with longing, but with a smile—at a memory that now feels more like a story than a scar.

***

Bachpan ka woh pehla pyaar..
Jo pehla toh nahi tha..
Par shayad sacha zarur tha..
Woh pyaar toh nahi tha.
Woh kya tha, mujhe ab bhi nahi pata..

Yeh shayad shayaro ki zubaan mein ek ehsaas hai..
Jo filmon ke zariye hum tak aagaya hai..
Par jo bhi hai.. jaisa bhi hai..
Yeh ek acha ehsaas hai..

Kuch yaadein hai..
Jo waqt milte hi, raaton ko chali aati hai..
In yaadon ko sanjon ke rakhna chahta hun..
Shayad,
Isi liye toh yeh nazm likh raha hun..

Ek neeli kameez, aur ek dulaari cycle liye nikalta tha mai..
Har shaam mohabbat se milne..
Mohabbat toh zara si bhi na mili..
Gire padte, cycle ki chot zarur mil gayi..

Thoda bada hua..
Toh ghar ki bajaj chetak liye nikal pada..
Mohalle ki har sadak ko..
Do-teen baar toh naap hi liya..

Yun toh kitne hi lafde kiye honge maine..
Par woh ek khaas hai, jo lafzon mein na aa saka..
Haan, mohalle ki us dukaan pe bhi aashiqi ladai..
Jaha ghar ka raashan taula jata tha..
Woh tuition ki baatein toh kuch aur hi thi..
Jaha mai tha, mera ek saathi tha..
Aur mere abba ki woh purani chetak hua karti thi..

Kabhi uske rickshaw ka peecha bhi kiya hai..
Ghar se paise chura kar, tohfa bhi diya hai..

Kaisa besharam hota jaarha hun..
Yeh sab tumhe kyu sunata jaa raha hun..

Par chalo, ek woh zamana bhi toh tha..
Jab pados ki dukaan se, SMS pack bharwate the tum..
Yeh kaisi mohabbat kar baithe the bhai,
Ki har dusre din,
Wapas usi dukaan par bhaage chale jaate the tum..

Kitni kitaabein, kitni yaadein, bezarurat hi ghar le aata tha mai..
Is aas mein, ki kisi bahane, school ke baad milne ka mauqa mile..
Yun toh, kitni hi kahaniyan batana baaqi hai..
Har qissey pe muskura raha hun mai..
Bas ek ajeeb si baat jalati hai dil ko,
Ki kyun, aaj bhi,
Usi gali se guzarna pasand karta hun mai.

Ghar

The poem Ghar is a quiet homecoming—a return not just to a place, but to a rhythm of life long paused. *Ghar* reflects on the stillness of old walls, the memory in everyday things, and the gentle realization that while we move ahead, some places stay behind—waiting, holding on, becoming more than just homes.

***

Daftar se chuttiyan lekar..
Is baar Ghar aagya hun mai..
Jo ki Kaafi dino se baaqi tha..

Kuch waqt guzara, toh yeh samjha..
Ki is chote shehar ke sannate mein bohot kuch dikh raha hai..
Bohot kuch sun bhi raha hun..
Par bohot kuch keh nahi paata..

Is nazm ko likh raha hun,
Aur bahar,

Wohi purani awaazein aa rahi hai..
Ek sannata sa hai, ek apnapan sa hai..
Maano aise, jaise bachpan ki garmi ki chuttiyan ho..

Thoda ghaur se dekha, toh yeh ghar aaj bhi waisa hi hai..
Purani deewaarein, puraani kahaniyaan..
Jaane mujh jaise kitne aaye aur guzar gaye..

Kuch hazaar kilometer door, jo apna ek naya ghar bana raha hun..
Wo makaan hi toh hai sirf..
Usmein wo safai kaha..
Jo ammi har subah kar deti hai yaha..
Usmein wo sacchai kaha..
Jo makaan ko ghar bana deti hai..

Yeh wahi amrood ke ped hai..
Jinsey kayi dafa bachpan mein gira bhi tha mai..
Yeh wahi puraane taalein hai..
Jo aaj bhi, thodi marammat aur tel ke baad chal hi rahe hai..

Ek chai ki Piyali lekar, jab baitha hun aaj..
Toh sochta hun..
Ki In talon se koi puche kabhi..
Jaane kiski aas laga ke baithe hai yeh sabhi..

Muhajir

This poem was written on the 15th of August - India's Independence Day - not as a celebration of symbols, but as a quiet, firm assertion of truth. *Muhajir* is a response to the label often thrown at Indian Muslims: *outsider, migrant, the other.* But this poem does not argue—it reminds. It reminds the nation of the roots, the sacrifices, the languages, and the culture that Indian Muslims have carried, nurtured, and offered to the idea of India. It is a poem about belonging—of being deeply, inseparably woven into the soil of the country, even when questioned. It is not just a defence of identity; it is a definition of true Indianness—rooted in pluralism, memory, and co-existence.

***

Kya tumne kabhi kisi ko dil diya..
Kya tumne ghar ke aangan ko,
Yun dil hi dil mein yaad kiya..

Woh mitti, jaha ki Khushboo aaj bhi sondhi si hai..

Woh mitti, jaha ka bachpan aaj bhi roshan hi hai..

Mai kaun hun..
Yeh puchte ho tum..
Mai kya hun..
Yeh nahi jaante the tum..

Mai ganga sa hun..
Toh mai Jhelum bhi hun..
Mai Lahore hun..
Par zara mysore bhi hun..

Mai kaun hun, yeh puchte ho tum..
Mai kya hun.. yeh nahi jaante the tum..

Mai woh hun.. jo dil hi dil mein rota bhi hai..
Mai woh hun.. jo maazi ki yaad mein sota bhi hai..

Mai bangla bhi hun, urdu bhi hun..
Mai sikh bhi hun.. mai malyalam bhi hun..

Mai kaun hun, yeh puchte ho tum..
Mai kya hun, yeh nahi jaante ho tum..

Mai woh hun, jisne Diwali bhi dekhi..
Mai woh hun, jisne Lohri bhi dekhi..

Mai ek insaan toh nahi..
Mai yaadon ka pitaara hun..
Mai dard mein hun,
Mujhe rok lo yun zara..

Mai mazhab nahi hun..
Mai tehzeeb hun tumhari..
Mai paraya nahi hun..
Bas thoda boodha ho raha hun..

Yeh waqt jo bhaaga chala jaarha hai..
Yeh ranjishein jo badhti si hai..
Yeh mai toh nahi..
Yeh raj sa kuch hai..
Yeh Hindustan toh nahi..
Kisi bure sapne sa kuch hai..

Mai kaun hun, yeh puchte ho tum..
Mai kya hun, yeh nahi jaante the tum..

Mai akbar bhi hun, mai Shivaji bhi hun..
Mai sardar bhi hun, mai Jaini bhi toh hun..

Mai Hindustan hun, mere tukde na karo..
Yeh maazi ki yaadon ko, dubara na likho..

Mai muhajir hun, kuch yaadon se bana hun..

Mai toote khandaano ki tadapti kahani ka ek hissa bhi hun..

Mai woh hun, jo khat tum tak aaj bhi na aaya..
Mai woh hun, jo bichdi mohabbat ko barson tak na bhul paya..

Ab mai boodha hun..
Par woh bachpan aaj bhi khada hai..
Baahein khole,
Mujhe meri maa ke qatl ka hisaab dikha raha hai..

Woh haiwaan toh nahi the..
Unhe bhatke raahi hi kehdo..
Us raj ki thi hukumat,
Jo aaj bhi shayad zinda sa hai..

Naya Shehar

Naya Shehar reflects the quiet, often lonely experience of starting over in a new city. It's not just a physical shift, but an emotional one—where familiar identities begin to fade, and new questions arise: *Who am I here? What am I becoming?* The author captures the slow, fragile process of self-reinvention, shaped by dislocation and solitude. It's a gentle meditation on becoming someone new, without fully letting go of who you were.

***

Ab, jo is naye shehar mein aa basa hun..
Yeh sochne pe majboor ho raha hun..
Mai kaun hun, mai kya banna chah raha hun..

Kya sadak pe dikhte har insaan mein mai hun..
Ya un sabse alag, koi unkahi unpadhi hawa hun?
Kis kashmkash mein phasa hun..
College ki char deewari ke bahar, sacchai se lad raha hun..

Abtak toh parosa jaa raha tha..
Uske liye,,
Is bheed mein mai aaj khud khada hun..
Chand doston ke sahare jee raha hun..
Mai ghar se door, ek naye ghar banane ki chah mein laga hun..

Mai kaun hun.
Kya mai ab bhi wo aashiq hun..
Yaha badhti umar ke saath..
Mai ek sambhla hua insaan banta jaaraha hun..

Mai khudsa toh hun hi..
Thoda tumsa bhi ho raha hun..

Badlaav

This poem was born from a moment of stillness in the middle of chaos - a sudden pause that forced me to look inward. *Badlaav* is a conversation with myself about what I may have lost in becoming who I am today. It traces the quiet erosion of innocence, the weight of ambition, and the haunting question of whether the changes we make in life always lead us closer to truth - or sometimes, away from it.

***

Aaj April ki garm dopahar mein,
Mujhe majboor kara gaya, yeh sochne ko..
Ki kya kuch kho baitha hun mai..
Apni Zindagi ki is daud mein..

Kuch badal sa gaya hun mai..
Bas khud jaanta nahi hun..
Ki kya wajah hai iski..
Aur kissey bhaagta hun mai ?

Ek masoomiyat thi mujhmein,
Jo shayad chali gayi hai kahin..
Aur sochta hun kabhi,
Toh lagta hai..
Ki ek garm hawa ki lehar hai..
Aur andar hi andar, ek aandhi si kuch uth rahi hai..

Par aaya jab wo ek insaan,
Jisne dho daala mere anhankaar ke mukhote ko..
Toh sharminda hua mai..
Aur ro pada..
Ki us maasoomiyat ko,
Kaise be-hisaab mai khod pada..

Kuch khaas ab tak nahi kara hai zindagi mein,
Par sapne bohot hai dekhe..
In sapnon ko haqiqat banane ke liye,,
Kuch badlaav hai maine kare..

Par sochta hun aaj yeh bhi,
Ki shayad zyada hi badlaav kar liya..
Sapnon ko jeene ke liye,
Maine haqeeqat se raabta na kiya..

Aur un chaar dewaaron ki Zindagi mein,
Bohot sukoon dhunda..
Par samajh toh yahi aaya,

Ki haqeeqat ke daaman mein,
Maine badlaav galat waala kar liyaa..

Bulandi

Bulandi is a reflection on what we leave behind in the pursuit of becoming something. It speaks to the quiet guilt of growing up, the discomfort of returning home changed, and the emotional distance that ambition can create. Bulandi is not just about success—it's about the inner conflict of choosing between the person you had to become, and the child who still misses their mother's arms.

***

Kitne baras guzar gaye,
Ki khul ke maa ko gale lagaya.

Kitne baras guzar gaye,
Ki ghar chor kar ek nayi duniya dekhne ka chashma apnaya.

Laut ata hun kabhi jo,
Toh ek ghabrahat si hoti hai.

Sochta hun..
ki konsi duniya ka bashinda hun,
Kya uska jo barso mujhe sikhaya gaya hai,
Ya uska jo maine khud duniya se seekha hai.

Aur soch baithta hun,
Mai un logon ke baare mein,
Jinhe in takleefo ka andaza nahi,
Jinhe ghar aur bahar ki zindagi ka mukhota nahi.

Ki laut te honge jab wo ghar,
Toh chuppi si nahi hoti hogi,
Baatein bhi hoti hogi,
Aur shikaayatein bhi hoti hogi..

Aur ek mai, jo zindagi ki daud mein chup chupata chala jaata hun,
Roothta bhi hun, toh rota bhi hun,
Aur rota hun jab, toh sochta bhi hun..

Ki kya khud ko paane ke liye itna bada hona zaruri tha,
Kyu na mai aaj bhi ammi ki pallu mein chupa ek bacha sa hota..

Yeh kashmakash kaisi zaalim si hai..
Kambakht zaruri bhi hai, par rulati bhi hai..

Yeh jo apno se door hota jaarha hun..
Iski sharmindagi mujhko bhi hai..
Ek insaan hai andar jo bolta hai sudhar jao,
Ek dusra..
jo kehta hai apne liye ab toh khade hojao.

Mai sunu kiski, bas yahi sochta hun..
Mai kahu jissey, usey dhundta hun..
Jinhe sunana hai, woh shayad smjhte nahi hai..
Mai kehta hun phir bhi,
Par meri awaaz buland hoti nahi hai...

Saat Saal

Saat Saal is a quiet return to a version of the self that once felt more alive - more moved, more whole. It is not a poem about regret, but about the unfamiliar distance that time sometimes places between who we were and who we are. The author tries to reconnect with an old version of himself, hoping the same places and routines will bring back the same feelings. But with time, something has quietly changed. It's a gentle moment of honesty about how time can shift not just our lives, but our hearts too.

***

Ek roz mai subah thodi jaldi utha,
Aur basta liye, apni purani scooter ki taraf chal pada..
Yeh sochke, ki pehle jaise hawayein chalengi..
Kuch door jaunga,
Toh aankhein khulengi.

Kuch minute guzar gaye,
Aur thoda raasta bhi naap liya,

Par phir bhi,
7 saal purani us baat se, ab raabta nahi hua..

Ek Khushi, ek jazba, kuch toh tha pehle,
Ab mit-ta sa nazar aata hai..
Mai chahta hun phir se woh banna..
Jo bachpan ka saaya kehlaata hai..

Thoda socha,
Khud ko taula.
Par umr ki qaid mein,
Maine shayad, apne hone ka kuch hissa kho dala..

Bas isi aas mein ab jeeta hun..
Ki kal se behtar kuch ban jau..
Paise bhi hai, shauhrat bhi hai..
Bas woh daudne ka jazba ab mit-ta sa hai..

Kamaal

This poem reflects the journey of someone shaped to be the "ideal child" - dutiful, disciplined, and quietly compliant. *Kamaal* questions what it means to grow up under the weight of religious and cultural conservatism, where even identity is confined to a few acceptable shades. It explores how tradition often sets invisible boundaries around what one can be, say, or feel. Through its quiet defiance, the poem captures the fear, guilt, and hope of someone standing at the edge - wanting to break free, but still haunted by the voice that tells them not to cross the line.

***

Us roz jab mai bada hua,
Kandho pe basta aur dil mein ummeed lekar khada hua.

Us roz jab maine shehar chora,
Zindagi ki daud mein kood pada thoda.
Us roz jab kuch haasil hua,
Ghar ka laayaq ladka qaraar hua.

Aur ab,
Is roz mai kya bangaya?

Kaghaz pe lagi siyahi sa chapp gaya..
kabhi neela, kabhi kala aur zyada se zyada laal hi sirf reh gaya..
zindagi ke rango ko jeene se mai kyu seham gaya?

Sochta hun kabhi..
ki kaun hai woh jo mujhe rokta hai.
Kaun hai woh jo sochne pe tokta hai.

Woh hai kaun jisne kaha ki aage na jaao,
Aur mai kaun jo uski sunta baitha sirf ek gaao.

Kya ladke hi jeet honi hoti ho,
Kya jeetna aksar zaruri hota hai?
Kuch haar kar kuch seekha jata hai,
Par darr kar kya kuch kho jata hai.

Us roz jab mai bada hua,
Kandho pe basta aur dil mein ummeed lekar khada hua

Uljhan

Uljhan is a slow unraveling - an intimate conversation that reveals the quiet exhaustion of a man who no longer knows where he's headed, or why. In his pauses, in his repeated words, lives the ache of doing everything right and still feeling lost. It's not rebellion, not despair - it's a fog. A drifting. A fatigue that builds silently when one keeps listening to others, but forgets to listen to oneself. This poem doesn't seek answers. It simply sits with the weight of not knowing.

***

Ek shaam baitha mai ek azeez dost ke saath,
Ki batao Zindagi mein kya hai tumhare..
Mai Puchta raha, woh kehta gaya..
"kuch bacha nahi, pata nahi kidhar beh gaya"

Yeh pucha maine,
Ki kis baat se khafa ho..
Kis baat ki raza chahte ho..

Mai Puchta raha, woh kehta gaya..
"kuch bacha nahi, pata nahi kidhar beh gaya"

Phir thodi mushaqqat ke baad,
Bola woh..
Ki ab ghar, ghar sa nahi lagta..
Barso baras gaye.
Ab yaha koi apna nahi lagta..

Kuch log hai,
Jo chahte hai main unki sunu..
Mai karta bhi hun,
Par zor dikhta nahi hai..

Thoda tang horaha hun..
Ek na-ummeidiein si chaa rahi hai..
Mai karna kuch chahta hun,
Par karta kuch aur chala jaa raha hun..

Dil mein yeh hai,
Ki bol padu kisi din sab kuch..
Mai sochta bhi hun,
Ki kyu kehta nahi hun,
Bas andar hi andar, badalta jaa raha hun..

Yeh Jaanta bhi hun,

Ki Jalna sahi nahi hai..
Arey Zindagi hai sahab,
Har din imtehaan toh nahi hai..

Mai Puchta raha, woh kehta gaya..
“kuch bacha nahi, pata nahi kidhar beh gaya”

Woh Raat

Woh Raat captures the stillness of a night heavy with regret, where sleep feels undeserved and silence grows loud. It's a reckoning with ego, pain, and the ache of having pushed someone away. But as dawn approaches, so does a shift - this isn't just about loss. It's about the moment when clarity cuts through pride, and the choice to hold on becomes real. A chance, not too late, to run toward what truly matters.

***

Us raat mai nahi soya.
Kyunki sokar khudko aaram dena, mujhe jayaz nahi laga.
Yun laga ki meelo door,
Ek insaan hai,
Jise shayad meri zarurat hai.
Jo keh kuch nahi raha hai,
Par khoj mujhe raha hai.
Unhi puraani galiyon mein. Jaha ab wo jana nahi chahta hai.

Us raat. Maine zindagi ke ek bohot bade muqaam ko haasil kiya..
Jab jeet kar haarna,
Aur ahankaar ki chot lagna,
Mujhe pehli dafa samajh aaya.

Yeh wo raat thi, jo baakiyon jaisi bilkul bhi nahi..
Yaha gunjaish nahi thi, koi ummeed nahi thi.
Yeh woh raat thi, jaha pehli baar,
Mai sirf apne naaakamiyaab hone pe ro raha tha.
Ki kaise maine ek insaan ko khud se door kara,
Aur kaise maine uska dil toda.

Yeh woh insaan tha, jo jaan deraha tha mujhpe.
Yeh woh insaan tha, jiske liye jee raha tha mai..
kuch sapne dekhe the,
Kuch ummedein bhi thi..
Thodi khud se,
Thodi unse..
Zindagi ke rango ko saath nibhaane ke, waadein the unse.

Par mai bigad gaya,
Ahankar ki chot mujhe aisi lagi,
Ki mai bikhar gaya.

Ab royu ya jaane dun,

Yeh smjh nahi aata.
Khudse sharminda hun,
Isliye kya karu,
Yeh samjh nahi aata.

Ussey jaane du, ya rokne ki koshish karu..
Is sawaal mein uljha hun..
Ek khuddari bhi hai mujhmein, jo kehti hai chal chalo yaha se..
Aur ek insaan wo bhi toh hai, jo kehta hai ki ruk jao iske liye.

Is kashmakash mein,
Ab subah ke 5 baj gaye hai..
Bahar chidiya uth chuki hai..
Aur akhbaar wala ghanti baja raha hai..

Mai sochta hun..
Ki shayad ek raat ki neend hi toh gayi hai..
Par sawere ke ujaale mein..
Ek insaan jaata bhi toh ab dikh hi gaya hai..

Usey rok lu, is chah mein kuch soch raha hun..
Aur keh raha hun khudse,
Ki bhaag chalo ab uske paas,
Jis insaan ki ahmiyaat hai sabse khaas.

Mard

Mard is a reflection on the emotional contradictions men are taught to carry. It questions the quiet performances of strength, the rituals of distraction, and the cost of not being allowed to cry. This poem explores the weight of vulnerability in a world that often discourages it - and the quiet revolution that begins when a man finally chooses to feel, to speak, and to break the silence.

***

Ab usne keh hi diya,
Ki nahi dekhna chahti thi woh mujhe ab aur..
Thoda hasa mai,
Aur Thoda hil sa bhi gaya..

Mujhe laga tha, ki baatein hongi,
Aur suljhengi cheezein..
Par jab aaya woh ek khat..
toh thoda hasa mai,
Aur thoda, hil sa bhi gaya..

Yeh jo mard zaat hai..
Badi hi naakaamiyaab hai..
yeh kehna kuch chahti hai..
Par kehti kuch aur hai..

Dil mein dard toh sabke bhara hai..
Par ghar pe thoda rona mana hai..
Ki kyu tum mahual bigaadoge..
Haste hue logon ki zindagi mein..
Thodi aandhi aur thoda andhera le aaoge..

Toh jalne do usey..
Jo andar hai tumhare..
karlo thodi warjish..
Aur sunlo thode gaane..

Socho..
Ki dil mein kya hai tumhare..
Kya chupana hai..
Aur kya dikhana hai..

Aur agar chupa rahe ho..
Toh waqt pe bharosa sa rakho..
Kuch theek toh hoga..
Kuch behtar toh hoga..
Yeh jeevan hai..
Ise behne do thoda..

Par agar himmat ho tum rakhte..
Toh boldo sab kuch..
Kehdo ki koi sunlo mujhe..
Aur ro pado, un sabke saamne..

Woh Insaan hai..
Kuch toh samjhenge..
Agar na samjhe..
Toh phir wahi baat..

Ki yeh jo mard zaat hai..
Badi hi naakaamiyaab hai..

Dar

Dar is a reflection on the quiet fears passed down through love, caution, and tradition. It speaks of the invisible walls built not by force, but by concern, by silent corrections, by dreams asked to shrink beneath questions. It captures the ache of wanting to break free - not to reject where one comes from, but to finally live without fear. Dar is the voice of someone ready to step into their own life, carrying both the weight of their past and the strength to move beyond it.

***

Ek roz mai apne mobile phone mein laga tha,
Aur logo ko duniya ke kai kono mein ghumta dekh raha tha.

Yeh soch raha tha,
Ki kya zindagi hogi woh,
Ki jismein jebein bhi bhari thi,
aur andar hi andar, kaafi dillagi thi..

Kabhi America, kabhi Japan..
Yeh kaisi zindagi thi..
yaha ijazat bhi thi,
Aur apne mann ko chahne ki Umr bhi thi..

Phir socha maine thoda khud ke baare mein,
Ki kyu woh jahaz pakadna dar sa lagta hai..
Ki kyu mujhe bachpan se lekar aajtak,
Jawabo ke tale daba ek insaan dikhta hai..

Iska ilzaam mai du bhi toh kisey?
Kya unhe,
jinhone kabhi roka nahi, par toka bohot.
Ya unhe,
Jo mere dil mein baste hai,
aur dar ke saaye mein palte hai?

Yeh jo khauf baitha hai andar,
Isey bhula dena chahta hun.
Thoda tumse alag,
Thoda khud sa kuch naya banna chahta hun.

Yeh kehna chahta hun,
Ki ghabrao nahi..
Bachpana chora hai..
Aur sanjdeegi ab bhi aap jaisi hi hai sahi..

Par bolu kaise..
Saalon ki mehnat jo hun mai unki,
Naummeedi ka dar hai,
Par zindagi hai meri,
Naaki ek chalti phirti kachehri!

Taraazu

Taraazu is an inward conversation - born on quiet rooftops under heavy skies - where the heart weighs itself in the mirror of imagined eyes. It captures the quiet ache of not feeling enough, not because one hasn't lived, but because the *feeling of having arrived* keeps slipping away. This poem is about confronting that sense of incompleteness, recognizing the violence of our own self-judgment, and finally arriving at a gentler truth: that *being different doesn't make you less - and sometimes, the only companion you truly need on the journey... is yourself.*

***

Aksar andheri raaton mein,
Ghar ki chatth pe baith,
Mai yeh sochta hun..
Ki har ghar kuch alag sa hai..
Har dil mein kuch chupa sa hai..

Par phir bhi,
Mai khud mein tumhe dekhta hun.

Aankhein band kru,
Toh yeh sochta hun..

Ki ik kamtari si mehsoos kyu hoti hai..
Kitna kuch kara,
Par apne hone ki kami hamesha hi rehti hai..

Kyu mai khudko ko naap-taul kar dekhta hun..
Aur agar dekhta bhi hun,
Toh kyu har baar thoda sisakta hun..

Yeh soch thodi zaalim si hai..
Khudgarzi hai, par thodi bedardi bhi hai..
Ek insaan hun, yeh bhool jata hun..
Duniya ki daud mein,
Kahi doob jata hun.

Toh aaj yeh mai khudko kehta hun..
Ki alag hun, aur jaisa bhi, apna hi hun..
Kai deewaron ke andar bhi hun,
Magar sabse juda, apna humsafar – mai hi toh hun.

Ab tak

Ab tak is a conversation with people who are still young - but already exhausted. It speaks to the quiet crisis many face in their late twenties, haunted by timelines they never agreed to, and the pressure to prove that they've become someone "by now." It captures the loneliness behind polished lives, the hesitation to speak of disappointment, and the fear of not living up to invisible expectations. This poem is not about failure - it's about the heaviness of *not yet.* And a gentle reminder that life isn't a scoreboard, but something that begins each time you choose to connect - without fear - with your own voice.

***

Aksar mai jab hum umr logo mein baithta hun,
Toh yeh jaan padta hun,
Ki Khushi kisi ko nahi mili hai abtak,
Aur dikh rahi hai sabki thodi jhooti chamak...

Jab Puchta hun,

Ki batao kaun tang karta hai tumhe..
Toh ghabra se jaate hai wo..
Maano aise,
Jaise mitti ke ghar mein, ek aag si lagi ho,
Aur door door tak paani ya damkal thoda bhi na ho..

Jab bola unhe thoda andar jhaankne ko..
Toh ghabra se jaate hai woh..
Ek haar, ek naa-ummeedi si dikhti hai..
Jitna bhi bolo, dil ke kaafi paas si rehti hai..

Jab pucha unhe, ki zara sach sach batao..
Yeh umr ka mukhota mujhe na dikhaao..
Toh kehte hai, kuch kara nahi abtak..
Umr nikal si gayi, kuch jeeya nahi abtak..

Mai Puchta hun,
Ki yeh kyu sochte ho tum..
Ek insaan alag ho,
Yeh kyu bhoolte ho tum..

Umr hui bhi agar,
Toh bura hai kya..
Tajurba itna,
Yeh kaafi nahi hai kya?

Yeh duniya ke banaye reetiyon ko choro..

Andar ki aag ko kabhi toh khushi se paroso..
Siwaaye ek nishaani-e-saalgirah, aur kuch nahi hai umr..
tum zinda raho, mehnat karo..
Khud ko khud se taulo,
Aur sirf jee bhar ke jiyo.

Baatein

Baatein is a reflection of the moments when thoughts turn inward - when the night refuses to let the mind rest. It speaks of quiet questions about fear, identity, purpose, and restraint. These are not answers the poem seeks, but an honest space to wonder aloud. It is about the longing to be heard - not loudly, but deeply.

***

Mujhe tumse kuch baatein karni hai..
Kuch baatein, jo is raat mujhe sone nahi de rahi hai..
Kuch baatein, jo thodi mushkil si lag rahi hai..
Kuch baatein, jo is raat mujhe sone nahi de rahi hai..

Kya kaam hai humara is duniya mein..
Kya raaz chupa hai hum sab mein..
Mujhe, tumse, bas yahi baatein karni hai..

Kya tum khudko kabhi thoda dara hua paate ho,
Ya tum khudko hamesha hi nidar dikh laate ho..

Kya tumhara wajood sirf tumhara hi hai..
Ya tumse jude qissey, ab hum sabke hai?

Mujhe tumse yahi baatein karni hai.

Kya, mai aur tum, bas aam se hai?
Ya hum mein bhi kahi kuch aag si hai?
Aur agar hai hum mein wo aag,
Toh kya jalne dun usey mai?
Kya kood padu mai usmein,
Ya rok lun khud ko,
Kyunki khaayi hai kai qasmein..

Mujhe tumse bas yahi baatein karni hai.

Kuch

Kuch is the sound of quiet transformation - of someone slowly shifting, unsure of the destination but aware that change is already underway. It's a walk through fading memories, new questions, restless dreams, and moments of self-recognition in unexpected places. Rather than offer answers, it lingers in the softness of becoming, reminding us that sometimes, the most honest thing we can say is: *kuch badal sa gaya hai.*

***

Kuch Badal sa gaya hun Mai
Kuch alag sa horha hun.

Kuch naya bhi hun Mai,
Kuch adhoora bhi horha hun.

Isey badhti umr ki zanjeer kehdu,
Ya kehdu issey ek andaaz naya.

Thoda khud sa ab bhi hun Mai,

Thoda naya Banta jaa raha hun.

Kuch nayi baatein Samajh aarahi hai,
Kuch puraani yaadein mit ti si hai.

Kis nashe mein dooba jaarha hun,
Mai khud ko khud hi dhund raha hun.

Kuch sapno ko paalta jaarha hun,
Kuch sapno ko mai jeeta jaarha hun.

Is bheed mein mai kuch alag sa hun,
Yeh hausla afzai deta jaarha hun.

Aur waqt ko thame dekh raha hun,
Mai thoda sa shayad ghabra bhi raha hun.

Mai tum mein khudko dhundlun,
Shayad is aas mein,
Mai jeeta jaarha hun.

Kuch Badal sa gaya hun Mai,
Kuch alag sa horha hun..

Galat

Galat is a reflection on how our idea of being "right" often begins in childhood - and how life slowly softens it. Through personal realization, the poem explores what it means to unlearn judgment, to embrace difference, and to find peace in letting others live by their own truths. It's about understanding the existence and truth of living in greys rather than believing strictly in choosing black or white.

***

Ek baat ab thodi samajh si aa rahi hai..
Ki bachpan mein jab kisi ko khud se alag dekha,
Toh sochta tha mai..
Ki woh galat, mai sahi..
Bas yahi hai meri zindagi...

Ab jo is muqaam pe aa baitha hun,
Mai khudko unmein dekh raha hun..
Zindagi ke nazariye ko,
kaafi badal raha hun..

Sab hai alag,
Par phir bhi sahi..
Jab tak insaaniyat hai zinda,
Kya mai, kya tum..
Sab apne apne duniya mein sahi..

Kinaare

Kinaare is about standing at the edge of something vast - change, freedom, truth - and not knowing whether to step in. It begins with a small moment, a driftwood on a shore, and gently unfolds into a quiet reflection on fear, hesitation, and the unspoken pull of what lies beyond the familiar. This is not a poem about arrival - it is about the pause, the breath, the truth of a soul caught between staying and becoming.

***

Kabhi samandar ke kinaare pade ek lakdi ke tukde ko dekha..
Toh aisa laga,
Jaise mujh jaisa kuch waha bhi tha..
Ek kinaara tha, jo thoda apna sa tha..
Aur ek lehar, jo kheechti si thi..

Haan, ghar toh kinaare pe hi tha..
Thoda purana, aur thoda sa unjaana..
Shaakhon pe patte bhi the..

Par hawayein nahi, Shayad,
isliye udte nahi the...

Thoda kinaare pe jab aaya..
Toh ek ghabrahat si bhi hui..
Yeh lehar bohot tez thi sahab..
Kahi kho jaane ki aamad toh nahi thi..

Par dekha jab samandar ko..
Aur cham chamate hue us chaand ko..
Yaad aaye wo sahab,
Jo kashtiya liye nikal padte the kisi raat ko..

Ki ghabrana toh waajib hi hai..
Dil hai, koi patthar toh nahi..
Zinda-dili toh usme hi hai..
Jo har pal, khud se saccha hi hai..

Jab Woh Padhenge

As this collection nears its end, a different kind of fear begins to stir - the fear of being read by those whose approval has always mattered the most. *Jab Woh Padhenge* is written with that soft dread and quiet hope: that the honesty in these pages won't be misunderstood as rebellion, or dismissed as indulgence. The author doesn't ask for agreement, only a moment of recognition. This poem is a pause, a confession, and a whisper to those he still loves deeply: *if you've come this far, that alone means the world.*

***

Haan toh ab din kuch dhal sa raha hai..
Aakhiri panno sa kuch ban raha hai,
Yeh soch raha hun,
Ki kya kahenge woh..
Jab padhenge woh,
Toh kya hasenge woh ?

Ek baat jo dil mein aaj aa rahi hai,
Hothon se qalam tak ab aagayi hai..

Yeh ilm nahi hai,
Kuch shauqiya sa hai..
Mere hone ke jazbe mein,
Kuch imtehaan sa hai..

Kuch panne hai,
Kuch khayaal hai..
Apni buniyaad pe..
Kuch sawaal hai..

Yeh ilm nahi hai,
Kuch shauqiya sa hai..
Mere hone ke jazbe mein,
Kuch imtehaan sa hai..

Jo likha hai,
Woh seekha hai unse,
Jo kaha hai,
Woh apna sa kuch hai..

Bas isi Umeed mein,
Yeh nazm likhi hai..
Tum yaha pohoch gaye,
Bas itna hi kaafi hai.

Kya Yeh Kitab Zaruri Thi?

This last poem is a tribute to the boy who first picked up a pen without knowing why, and to the man who kept writing so he wouldn't break in silence. "*Kya yeh kitab zaruri thi?*" is about reclaiming the right to feel, to speak, to exist fully - even when it goes against the grain of what you were taught. It's a reaffirmation of the authors intent to speak up and stand for them, and a tribute to the beautiful language of Urdu, taught to him by his mother.

***

Ab yaha jo tum pohoch gaye ho,
Ek baat batana chahta hun tumhe..
Yeh mehez ek kitab nahi hai,
Mere bachpan ki yaadon,
Aur ammi ki urdu,
Ki ek nayi zubaan si kuch hai..

Yeh ek koshish hai,
Us 10 saal ke ladke ki..

Jo likhta tha toota hua sa kuch..

Yeh ek zidd hai,
Us 28 saal ke insaan ki..
Jo badalti zindagi mein chahta hai sab rahe khush..

Yeh wo nazmein hai..
Jo shayad mai pehle likhta nahi..
Aur agar likhta nahi,
Toh ghut ghut ke akela sehta hi sahi..

Par waqt aagaya hai,
Ki khul kar haslu kabhi..
Apne imtehaano ko,
Mai be-jhijhak haasil kar lu sabhi..

Mai kehta hu tumse aaj..
Ki socho kaun ho tum..
Is bhaag daud ki zindagi mein..
Khud ko dhundho,
Aur kaho dil kholke..
Ki "hum mein hai dum"..